BORDIGHERA POETRY PRIZE 15

THE BLUE LIGHT OF DAWN

poems by
JOANNE MONTE

NELLA LUCE AZZURRA DELL'ALBA

traduzione di
ROSANNA MASIOLA

BORDIGHERA PRESS

Library of Congress Control Number 2013951050

The Bordighera Poetry Prize
is made possible by a generous grant from
The Sonia Raiziss-Giop Charitable Foundation.

Printed in the United States.

Published by
BORDIGHERA PRESS
John D. Calandra Italian American Institute
25 W. 43rd Street, 17th Floor
New York, NY 10036

Bordighera Poetry Prize 15
ISBN 978-1-59954-060-3 (softcover)
ISBN 978-1-59954-061-0 (hardcover)

The Blue Light of Dawn

Nella luce azzurra dell'alba

In memory of my mother,

Rockina Monte

TABLE OF CONTENTS

INDICE

THE BLUE LIGHT OF DAWN

Perhaps it's too early to throw open
the shutters in the blue light of dawn and catch

the crosswind, a breath of air

chilled to a sparkle as if in that one moment
before the sun takes its seat on the horizon,

we might stray from such latitude, a time lapse,
however brief. Yet we continue to gauge

this randomness,

this immediate awakening to a rally of clouds
and weather as if divided; as if the sun,

like a golden timepiece,

would tarnish, and bring back a timeless present.
Imagine earlier obsessions. The sundial

in a cascading garden in Babylon, the sand
in the hourglass sifting like corn flour,

the luminary star catcher.

The lantern that swung like a pendulum
in the courtyard; always this constant measuring

of the intangible, the elusiveness

between the mechanical and dimensional,
as if between the before and after, we might carry

the light to the table like fine-cut crystal,
every second held to a sip of sparkling champagne.

LA LUCE AZZURRA DELL'ALBA

Forse è troppo presto per spalancare
le persiane nella luce azzurra dell'alba e acciuffare

il vento di traverso, un respiro d'aria

ghiacciato in una scintilla come se in quel momento
prima che il sole prenda il suo seggio sull'orizzonte

potessimo deviare dalla latitudine, o lasso di tempo,
per quanto breve. Eppure continuiamo a misurare

questa casualità,

questo immediato risveglio ad un raduno di nubi
e di tempo come se diviso; come se il sole,

simile a un cronometro d'oro,

si offuscasse, e portasse indietro a un presente senza tempo
Immagina le ossessioni di prima. La meridiana

nei giardini pensili di Babilonia, la sabbiolina
Nella clessidra che si setaccia come la farina,

l'inseguitore astro luminario.

La lanterna che dondola come un pendolo
nel cortile; sempre questo costante misurare

dell'intangibile, dell'elusivo

fra il meccanico e il dimensionale,
come se tra il prima e il dopo, potessimo portare

la luce a tavola come cristallo sfaccettato,
ogni secondo trattenuto al sorso di spumante effervescente.

The Blue Light of Dawn

REMEMBERING ROME

Someday even the dove
will have returned to the piazza,

to the outdoor café we remember,
the gold lamé of incandescence swirling,
night after night, through epic ruins

and the pillars of empire—
those last marble vestiges that still linger.

We might imagine the pristine,
the triumphant rise of porticoes,
those pompous sentinels and keepers

of the tombs, the prison, and the fortress,
in decline or else removed piece by piece

like the pedestals brought down
from a temple, borrowed and reused.
The fragments of a stronghold

that had seen in its youth the ring of chariots
as bright as a flame, the untamed lion,

the martyred fall of medieval shields
culminating in roaring passions,
the predatory yell—those ravenous encores

that for centuries were on the tumultuous
fringe of an overthrow, and yet, unwitting

of extinction, of those marbled souvenirs
impalpable to pagan gods, of sculptures
carved from an obsession that could render

immortal the names of the fallible
and infallible—the moon-lit glimmer

of the obelisk in the heart of the piazza,
inevitably proven to be the home of the dove.

Nella luce azzurra dell'alba

RICORDANDO ROMA

Un giorno forse anche la colomba
tornerà alla piazza

al caffè all'aperto che ricordiamo,
il laminato d'oro dell'incandescente volteggiare,
notte dopo notte, attraverso rovine epiche

e le colonne dell'impero—
ultime vestigia di marmo che ancora si trattengono.

Potremmo immaginare il pristino,
il trionfante innalzamento dei porticati,
quelle pompose sentinelle e guardiane

di tombe, di prigioni, e di fortezza,
in rovina oppur rimosse pezzo a pezzo

come un piedestallo trascinato giù
da tempio, preso a prestito e riusato.
I frammenti di una fortezza

che abbia avuto in gioventù il cerchio dei cocchi
lucenti come fiamma, il leone non domato,

la caduta martire di scudi medievali
culminante in passione ruggenti,
lo stridio predatorio — quei bis avidi come corvi

che per secoli erano ad un passo
dall'essere scalzati, eppure, inconsapevoli

d'estinzione di quei ricordi marmorei
impalpabili a numi pagani, di sculture
scolpite da una ossessione che rendesse

immortal i nomi dei fallibili
ed infallibili — la luminescenza lunare

sull'obelisco nel cuore della piazza,
inevitabile evidenza d'esser casa della colomba.

THE MOON GARDEN

No soft-hearted voices,
no chimes singing an aria in duet
with the breeze; only the Adirondack chair,
lying back in its aura of aged cedar,
where my mother would sit with her coffee,
reading in the garden
that is now sprawled out in the darkness.
For weeks the grounds have been without power,
without sun, without flowers. But grief
has its repetition, its premise
for darkness; its gravity, intrusive
and yet solitary, creeping without restraint
into that space needing to be filled.
On either side of the aisle leading to Our Lady
in marble, Lilies of the Valley,
now finding their place in the spring,
join in communion, their petals
tolling like a string of bells
with the sweet scent of my mother's perfume.
Even the foliage is fine-cut.
Where the ground is still grieving
in patches of raw earth, heart-shaped leaves
break against the moonflowers;
their buds, shut as tightly as an owl's eyes,
ready to open soon after dark. Beyond
the bush of vanilla-cream roses,
there is that space, a solace to be sought
as much as the spirit that cannot linger,
cannot wait. We are bound to these borders
like the garden itself is bound in the dark
to its solitude without transition,
without the perception that one world
could soon pass into another. It is that loss,
suddenly eternal, oblivious to time
and place, that takes its turn
like each phase of the moon, sometimes full,
sometimes half—and sometimes,
a mere slice as bright as lemon,
squeezing its light on the rim of our heaven.

GIARDINO LUNARE

Né voci compassionevoli,
né scampanìo cantante nell'aria un duetto
con la brezza; solo la sedia da giardino americana,
che riposa reclinata nell'alone antico del suo cedro,
ove mia madre soleva star seduta col suo caffè,
a leggere nel giardino,
che ora si riversa nell'oscurità.
Per settimane i terreni sono stati senza potere,
senza sole, e senza fiori. Ma l'affanno
ha la sua ripetitizione, la sua premessa
per la tenebra; la sua gravità, intrusiva
eppur solitaria, strisciante senza ritegno
nello spazio proprio che deve essere riempito.
Su entrambi i lati che portano a Nostra Signora
in marmo, mughetti,
che ora trovano il loro posto a primavera,
s'uniscono in comunione, i petali
dondolanti come una catenella di campanelle
con l'aroma dolce del profumo di mia madre.
Anche il fogliame è cesellato.
Laddove la terra ancora è in affanno
in fazzoletti di terriccio, foglie cuoriformi
si accasciano accanto a Belle della Notte,
i loro bocci, serrati come occhi di civetta,
pronti subito a schiudersi dopo l'oscurità. Aldilà
del roseto crema di vaniglia,
vi è quello spazzo, un sollievo da ricercare
tanto che lo spirito non può procrastinare,
non può attendere. Siamo destinati a questi confini
come il giardino stesso è destinato nel buio
alla sua solitudine senza transizione,
senza la percezione che un mondo
potrebbe presto trapassare nell'altro. Ed è quella perdita,
all'improvviso eterna, immemore di tempo
e luogo, che segue il turno
come ogni fase della luna, a vlte piena,
a volte a metà – e talvolta,
semplice fettina lucida come limone,
spruzzando luce oltre l'orlo del nostro cielo.

WHEN CHILDREN DRAW FLOWERS

it is often the tulip,
each a tender bulb taking its place
in solitude, before the live oak,
clinging by natural selection
to nests and bird feathers,
lifts itself up from the barren field
like a woman throwing her arms out
in love with the world. However,
when children draw tulips,
it is the *Snow Lady*,
bundled in sheathes of white,
that pales in significance,
though bearing an almost
perfect semblance and yet keeping
her place in the midst
of her solitaire without encounter,
without purpose; whereas, *Ice Follies*,
drawn in formation, and in pairs,
holds more firmly to tradition
as though unified and better suited
to its origin. *Olympic Flame*,
rising on the fringe
of evolving more worldly
above the palest elegance—
although not in any way botanical—
shuns the pallor, aglow in its orient
as the children, given their imagination
beyond the parameters of shape
and form, indulge the treasures
of a single species—not one color
kept from any other—not one,
raised like a *Purple Flag*, being supreme.
Instead, it was the chosen flower—
able to endure the weather
of an English spring
and affirming more than any hue—
a diversity of color
that brought this stark, unsettled field
its season of salvation.

NELLA LUCE AZZURRA DELL'ALBA

QUANDO I BAMBINI DISEGNANO DEI FIORI

spesso è il tulipano,
ognuno un tenero bulbo che prende posto
in solitudine, dinnanzi alla sequoia,
avviluppato per selezione naturale
a nidi e piume d'uccellino,
si alza dal terreno nudo
come una donna che spalanchi le braccia
innamorata del mondo. Comunque,
quando i bambini disegnano tulipani,
è la *Signora delle Nevi*,
infagottata in fodere di bianco,
a impallidire nel significato,
benché porti una quasi
perfetta somiglianza eppur mantenendo
il suo posto nel bel mezzo
di un solitario a carte senza incontro,
e senza scopo: laddove le *Follie di Ghiaccio*,
disegnate in formazione, e in coppie,
si tengono saldamente alla tradizione
come se unificato e meglio acconcio
alla sua origine. La *Fiamma Olimpica*,
sorge al limite
dell'evolvere in modo più mondano
sulla più pallida eleganza—
benché in nessun modo botanica—
rifugge dal pallore, luminescente nel suo oriente
mentre i bambini, data la loro fantasia
aldilà di parametri di forma e
di struttura, si abbandonano ai tesori
della singola specie—non un colore
tenuto via da ogni altro—non uno,
issato come la *Bandiera di Porpora*, suprema.
Al contrario, era il fior prescelto—
capace di sfidare le intemperie
di una primavera inglese
e di affermare più di ogni altra tinta—
una diversità nel suo colore
che conduceva a questo austero, ingovernato campo
la sua stagione di salvezza.

The Blue Light of Dawn

ISADORA AND THE DANCE

> The dancer's body is simply the
> luminous manifestation of the soul.
> —Isadora Duncan

At home in her room, Isadora choreographs
the dance with grape leaves braided into her hair.
Her body, as light as seaweed, imitates the ebb

and flow of the water; a dream that one day
the people will unharness her horses
and drag her carriage through the streets of Paris

to an outdoor café where she will perform
the dance of the Grecian hills. But how
does she manage the freedom in her passions,

using the simple gesture of her arms to speak
of revolution, enlightenment, lifting her pale limbs
like the waves, an uprising of the oppressed,

the humiliated, the offended? In Paris, she dances
the ancient dance of the Athenian maidens
in flowing dresses, her scarves swirling around her,

illuminated in gold lamé. Instead of wearing jewels,
she chooses flowers, light as feathers,
and more beautiful in a woman's hands. Demeter,

the mater dolorosa of the ancient earth, rising to dance.
I shall bring back the beauty, gather the lost children
under the moon. And Isadora? The red roses

she sent to the poet filled his tiny flat,
and he enclosed one in his letter to his brother,
Llewelyn. Last night into the dusk of the Riviera,

extinction. The scene imparted a frightful peril.
Coils of silk chillingly caught in the spoke
of a wheel and around her throat, stifling every breath

in her body. How quickly the journey.
The mater dolorosa of the ancient earth is gone
and here enclosed is the rose she gave me.

ISADORA E LA DANZA

> Il corpo del danzatore è semplicemente
> La luminosa manifestazione dell'anima
> —Isadora Duncan

A casa, nella sua stanza, Isadora coreografa
la danza con pampini intrecciati nei capelli.
Il corpo, lieve come alga, imita il flusso

ed il riflusso d'acqua; il sogno che un giorno
la gente libererà i suoi cavalli
e trascinerà il suo cocchio per le strade di Parigi

verso un caffè all'aperto dove si esibirà
nella danza delle colline Greche. Ma come
riesce a controllare la libertà nelle passioni,

usando il semplice gesto delle braccia per parlare
di rivoluzione, di illuminazione, levando le pallide membra
come onde, un sollevamento dell'oppresso,

dell'umiliato, dell'offeso? A Parigi, danza
l'antica danza delle fanciulle ateniesi
in abiti fluttuanti, con sciarpe volteggianti attorno a lei,

illuminata nel lamé dorato. Invece di indossare gioie,
sceglie fiori, lievi come piume,
e più belli in mani di donna. Demetra

la madre dolorosa dell'antica terra, risorta per danzare.
Porterò con me la beltà, radunerò i figli perduti
sotto la luna. E Isadora? Le rose rosse

inviate al poeta nel suo appartamentino
e lui ne racchiuse una nella lettera per suo fratello,
Llewelyn. L'altra sera, nel brunire della Riviera,

estinzione. La scena presentava periglio spaventoso.
Spire seriche in modo agghiacciante prese nei raggi
della ruota e intorno alla sua gola, soffocando ogni respiro

nel suo corpo. Così veloce il viaggio.
Ma madre dolorosa dell'antica terra se n'è andata
e qui in allegato sta la rosa che mi diede.

The Blue Light of Dawn

LETTER TO A WOMAN IN PRISON

> In Nepal, anti-abortion laws include
> miscarriages, stillbirths and other infant deaths
> due to natural causes which are punishable
> by imprisonment.

It's written
from the private quarters
of the stillborn before the vial
of clear liquid can be taken into the body,
before the mind can ease down
into the warm fathoms of oblivion.

In this ward, nurses carry away
the womb's tenants, hushed in soft, white linen
like small pillows, like babies'-breath
swaddled in the extreme unction of its sweet clusters,
the children who could not survive outside
the body and so at ease in their eternity
that nothing could have saved them.

In our dreams we learn
not to enter the room, locked as we are
in the crib of our bodies, fragile with cessation;
your own body flattened by deficiency,
nailed shut like the bodies of women elsewhere,
pulled under the sheets of Intensive Care.

Every night in these hills, I think of you
in your cell. Our voices are silent
as a whip unfurls across your breast.
But, nonetheless, there is a language: the body
dredged of its poisons under a white light,
like the moon struggling to escape the forceps
of haze, the sharp peak of the mountain
sliding far below, but still above us,

still visible, the air compressed
out of the lungs. The child, laid flat
in the surgeon's hand, is not spared by our resistance
to empty the womb, nor the urn we shall carry
into the tomb with so many other women
who are quietly disappearing into their shadows.

Nella luce azzurra dell'alba

LETTERA AD UNA DONNA IN PRIGIONE

> Nel Nepal, leggi anti-aborto includono
> aborti spontanei, nati morti ed altre morti neonatali
> dovute a cause le cui pena è la detenzione.

Sta scritto
dai quartieri privati
del nato morto prima che la fiala
del liquido chiaro possa essere immessa nel corpo,
prima che la mente possa acquietarsi
nelle tepide profondità dell'oblio.

In questa corsia, le infermiere portano via
gli inquilini dell'utero, messi a nanna tra morbidi panni bianchi
come dei cuscinetti, come respiro di neonato
ravvolto nell'estrema unzione dei suoi fagottini,
i bambini che non potevano sopravvivere fuori
dal corpo e così a loro agio nell'eternità
che niente avrebbe potuto salvarli.

Nei nostri sogni s'impara
a non entrare nella stanza, serrati come siamo
nella culla da presepio dei nostri corpi, fragili con la cessazione;
il tuo corpo che si appiattisce per questa mancanza,
chiuso ed inchiodato come corpi di donne altrove,
spinto sotto le lenzuola della Terapia Intensiva.

Ogni notte in queste colline, io ti penso
nella tua cella. Le nostre voci sono silenziose
mentre la frusta si dispiega sul tuo seno.
Eppur ciononondimeno vi è una lingua: il corpo
purgato dai veleni sotto una luce bianca,
come la luna lotta per sfuggire al forcipe
della bruma, l'aspra cima della montagna
che scivola lontano giù, eppur ancora sopra noi,

ancora visibile, l'aria compressa
fuori dai polmoni. Il neonato, disteso piatto
nella mano del chirurgo, non è risparmiato dalla nostra resistenza
a vuotare il ventre, né l'urna che porteremo
nella tomba assieme alle molte altre donne
che quietamente svaniscono nelle loro ombre.

The Blue Light of Dawn

AT THE CLINIC OF THE DISPOSSESSED

I

It's been twelve weeks
of intense feeding; the face,
whose features I shall not remember
in conspiracy to keep it unseen,
trying for perfection in the womb

where I'm to blame for violating
its peaceful tenancy, an immediate eviction
to be kept secret, leaving me empty,
flat, bruised; the contract
in which I had entered, broken in frenzy.

I lie on a bed
imagining massacres, guns,
bayonets, Dr. Mengele's surgical tools
breaking the flesh into pieces,
the womb made into a deathbed

years before a woman's eyes
had looked away from mine
to a tiny corpse left in a sink to decay,
having been fed nothing

but the scraps of one's life.

II

This is how the separation begins:
children blurring in the mirror
of omissions, pining for their natural habitat
in the womb, the conception
over which women in a quandary
wrestle above cribs, where they, themselves,
can feel as buoyant as a mobile
of suspended birds. Already

NELLA LUCE AZZURRA DELL'ALBA

ALLA CLINICA DEI DISEREDATI

I

Sono state dodici settimane
d' alimentazione intensiva: il volto
i cui tratti non ricorderò
in complicità per mantenerlo non visto,
tentando la perfezione nel ventre

dove sono da biasimare per violare
una dimora d'affitto di tanta pace,
e d'uno sfratto immediato
da tener segreto, che mi lascia vuota,
piatta, lacerata; il contratto
in cui ero entrata, rotto nella follia.

Giaccio in un letto
immaginando massacri, fucili,
baionette, gli strumenti chirurgici del dr Mengele
rompere la carne a pezzettini,
l'utero reso letto di morte

anni prima che gli occhi di una donna
si fossero distolti dai miei
verso un cadaverino,
lasciato in un lavandino a decomporsi,
cui non fu dato alimento

se non i ritagli della propria vita.

II

Questo è il modo in cui inizia la separazione:
figli che sfumano nello specchio
delle omissioni, anelanti al loro habitat naturale
nell'utero, il concepimento
su cui le donne lottano in dilemma
sopra le culle, laddove esse stesse,
si possono sentire così gaie come gingilli
sospesi di uccellini. E già

The Blue Light of Dawn

it's been decades of dismemberment,
a birthright lifted from its origins
in a sudden disappearance—
so much can be sacrificed in this debate—

soft heads sleeping on the shoulders
of unwed mothers, a small fist
at the neck, tiny orifices nursing
on the breasts of women
behind the Venetian blinds lowered on a city
flattened by hushed whispers,
and nothing to put out
but the pure light of conscience
that burns more efficiently
than any other source of power.

Nella luce azzurra dell'alba

sono stati decenni di smembramento,
il diritto alla vita rimosso già dall'origine
in subitaneo sparire—
così tanto può essere sacrificato in questo dibattito—

testoline tenere dormienti sulle spalle
di mamme non sposate, un pugnetto
nel collo, minuscoli orifizi che poppano
al seno delle donne
dietro le veneziane, abbassate su una città
appiattita da soffocati bisbiglii,
e niente da fare spegnere
se non la pura luce della coscienza
che brucia in modo più efficace
di qualsiasi fonte di energia.

The Blue Light of Dawn

LETTERS FROM WOMEN
GIVEN UP FOR ADOPTION AT BIRTH

I

This morning I thought how easy
it must have been for you
to have copied your genetic code
in the form of flesh, dated randomly
on that bleak day in December
when the light had the dull luster
of pewter and the blinds had to be drawn.

The day ended my tenancy
in the womb which you otherwise
ripped out of your daily planner,
and being the unwanted, the mistake,
had given up in offering
like the body and blood of Christ.

Every day I struggled
to carry the weight of a lesson,
a refugee of abandonment, reading
through the pages of Catechism books
just before the Crucifixion,
practicing forgiveness.

Now, I must live with the side effects
of an uncommon childhood
like an addiction: a returned identity card,
the genetic code lost in the blood of the unborn—
those blueprints of family history
that build the strong bones of a monument,
revised by the thin scrawl of your signature
on a line that forever divides.

II

If to gaze into that mirror
as though the glass is convex—
if we could first look inward,
then outward—

Nella luce azzurra dell'alba

LETTERE DA DONNE
DATE IN ADOZIONE DALLA NASCITA

I

Questa mattina ho pensato
come fosse stato facile per te
aver copiato il codice genetico
in forma di carne, datato casualmente
quel lugubre giorno di dicembre
quando la luce aveva quel lucore opaco
di peltro come, e quando le veneziane dovettero esser tirate.

Il giorno concluse la mia affittanza
nell'utero che d'altronde tu
stracciasti dalla tua agenda,
ed essendo il non desiderato, e l'errore,
desti via in offerta
come corpo e sangue di Cristo.

Ogni giorno lottavo
per portare il peso d'una lezione,
un rifugiato dell'abbandono, leggendo
a fondo le pagine dei Catechismi
proprio prima della Crocifissione,
praticando il perdono.

Ora, devo vivere con gli effetti collaterali
d'una non comune infanzia
come una dipendenza: una carta d'identità restituita
il codice genetico perso con il sangue del non-nato—
quelle mappature di storia di famiglia
che costruiscono le forti ossa di un monumento,
rivisti dal sottile scarabocchio della firma
lungo una riga che per sempre divide.

II

Se guardare in quello specchio
come se il vetro fosse convesso—
se si potesse prima guardare verso l'interno,
e poi verso l'esterno—

if we could study profile like the face
of a moon in each of its phases—
would we find our identity?

How much of you would I see
at each angle—full, half, quartered—
that I would not have seen
in the mirror handed me
had its glass not been convex?

What do I know of you
in my arched brow?
In the discharged turmoil
of my eye? In a single gesture?

What do I know
in learning to give up, give back, give away,
that I would not have known
had I been of the same will?

III

I cannot find you
down those stairways
that lead into the deepest catacombs
of family history, buried treasure,

a chest sealed years ago
in the shadow of your footprints,
in the dust of light beams
through the windows in the hall of records.

Nor can I see you in the genetic code
that cannot be deciphered—
those diseases that will torment the blood
and in the pain that encapsulates
our time-released lives—

although
that is where I will find you.

NELLA LUCE AZZURRA DELL'ALBA

se potessimo studiare il profilo come il volto
della luna in ogni sua fase—
potremmo trovar la nostra identità?

Quanto di te vedrei
ad ogni angolazione—pieno, mezzo, un quarto—
che non avrei visto
nello specchio che mi si porse
se quel vetro non fosse stato convesso?

Che cosa so di te
nella mia sopracciglia arcuata?
nel tumulto trasmesso
dal mio occhio? In un gesto solo?

Che ne so
apprendendo, di rinuncia, di restituire, di dare via,
che non avrei saputo
se non fossi della stessa volontà?

III

Non posso trovarti
giù per quelle scale
che portano nelle più profonde catacombe
di storia familiare, tesoro sepolto,

forziere sigillato anni fa
nell'ombra delle tue orme,
nella polvere di raggi di sole
attraverso le finestre nella sala delle registrazioni.

Né posso vederti nel codice genetico
che non può essere decifrato—
quelle infezioni che tormenteranno il sangue
e nel dolore che rinchiude
le nostre vite nel rilascio a tempo—

anche
se è là che ti troverò.

The Blue Light of Dawn

A SYNOPSIS IN BLUE

From this blue inlet off the Pacific
and out where the rocks are
with just a fringe of surf trimming

the headland, a blue moon rises,
gradually closing out what is most
primitive, most enduring.

One can try in resignation to bear
through the absence, an oblivion
somewhat noble. Thereafter,

it's drinks at the *Bird of Paradise*.
Blue curaçao, and on the bar
aquamarine fish plates offer tidbits

as though not enough had been given.
Perhaps everything had already
been drawn from blueprints. A blast

of frost in early spring. Blue ice.
Blue fire. Out of the blue, a blue streak.
A blue baby. And another blue moon rising.

Nella luce azzurra dell'alba

UNA SINOSSI IN BLU

Da questo braccio di mare al largo del Pacifico
e fuori dove gli scogli sono
con solo un orlo di spuma merlettata

il promontorio, una luna azzurra sorge,
gradatamente escludendo ciò che
è più primitivo, più tenace.

Si può tentare di sopportare in rassegnazione
attraverso l'assenza, un oblio
in certo senso nobile. Dopodiché,

sono dei drinks al *Bird of Paradise*.
Blu curaçao, e sopra il banco bar
vassoi di pesci acquamarina offrono stuzzichini

come se non fosse stato offerto già abbastanza.
Forse tutto era stato derivato
dagli schemi di programmazione. Una folata

di gelo nella primavera prematura. Il ghiaccio blu.
Fuoco blu. E all'improvviso dal blu, una striscia blu.
Un neonato blu cianotico. E un'altra luna blu malinconica che sorge.

THE ORCHID

given in desire with its royal-blue
    ribbon and rhinestone lace,
languishes on its bed of tissue; its quiet
    seduction, for days,
a transparency. It turns away from
    me as I lift it, a blue Vanda

as chilled as a late-night swimmer,
    shivering without passion,
without the freshness that had once
    rubbed off on my fingers.
It is fading as is the memory of you
    who had given it,

though not the fragrance, a subtlety
    suggesting Givenchy
or perhaps the sweet mandarin of an
    otherwise perfect imitation.
I imagine that when I lay it down,
    there will be no other

as engaging in its deception, no love-
    in-a-mist, no swan or dove.
I imagine that perhaps you might not
    remember, but as I untie
the royal-blue ribbon and rhinestone
    lace, the orchid loosens

like hair from its pins, falls but does
    not stray; its leaves—
the last survivors cast aside, though
    still vital, still lingering
without their flowers—
    shall yet encounter another day.

L'ORCHIDEA

donata per desiderio con il suo nastrino blu scuro
   e il merletto con lustrini,
langue sul suo lettino di tessuto; la sua quieta
   seduzione, per giorni,
una trasparenza. Si volge da me
   mentre sollevo una la Vanda cerulea

infreddolita come il nuotatore della tarda notte
   in brividi senza passione,
senza la freschezza che una volta
   veniva a depositarsi sulle mie mani.
Sta svanendo come il ricordo di te
   che me l'hai data,

ma non la fragranza, una sottile sensazione
   di Givenchy
o magari il mandarino dolce di una
   imitazione altresì perfetta.
Immagino che quando la deporrò,
   non ve ne sarà un'altra

tanto invitante nel suo inganno, nessuna viola o amore-
   nella-nebbia, né cigno né colomba.
Immagino che magari non puoi
   ricordare ma nel mentre slego
il nastrino blu scuro ed il merletto con le gemme,
   l'orchidea si scioglie

dal suo fermaglio, come capelli, cade
   ma non sbanda; le foglie—
ultimi sopravvissuti abbandonati,
   benché ancor vitali, se ne indugiano
senza i lor fiori—
   incontreranno ancora un altro giorno.

AMONG THE WILDFLOWERS

I choose fireweed to brush across the canvas,
    the artist in me—
having watched it bloom—led captive by its
    swift rescue, aviating
as brilliantly as feathers out of the ashes.

The earth will not recede, will not alter its
    perspective, surfacing nobly
out of tragedy without any sense of permanence,
    so much like the weed
striving to reach upward, outward, beyond
    warmth, beyond healing.
Any shade of red can bring it to redemption,

seemingly natural in its scheme to fill the space
    devoid of shape and color.
Lighter rouge for shadow, a blend of scarlet,
    rose; the brush
reinventing the ground it can salvage. But the
    canvas has its margins,
its threshold; and the flower, having been sown

into the black suede coat of the field—given its
    detriment—unbuttons its seeds
to light, filling the gap with favor; its cast
    of flamboyant reds,
a fiesta, that no dimension might overcome.

Nella luce azzurra dell'alba

TRA I FIORI DI CAMPO

Ho scelto l'epilobio erbafuoco per dipingerlo sulla tela,
    l'artista che è in me—
avendolo visto sbocciare—condotta prigioniera dalla
    sua veloce ripresa, pilotando
tanto brillantemente come piume dalle ceneri.

La terra non recederà, non muterà la sua
    prospettiva, facendo emergere nobilmente
dalla tragedia, senza alcun senso di permanenza,
    tanto quanto un erba
tesa verso l'alto, verso l'esterno, e aldilà
    del tepore, del sanare.
Ogni sfumatora di rosso può portarlo a redenzione,

in apparenza naturale nel suo schema per riempire lo spazio
    vuoto di forma o di colore.
Rosso più tenue per l'ombraggiatura, una mescolanza di scarlatto,
    rosa; il pennello
sta reinventando il terreno che può salvare. Ma la
    tela ha i suoi bordi,
e la sua soglia; e il fiore, essendo stato seminato

nel manto di camoscio nero del suo campo—dato il suo
    impedimento—si sbottona i semi
alla luce, riempiendo il vuoto con gentilezza; la sua colata
    di rossi fiammeggianti,
a fiesta, che nessuna dimensione può sopraffare.

DISPLACEMENT

Entering the garden,
I notice the rhododendron,
the platinum pearl, that had displaced
the unwanted vines of bittersweet
tangled around the throat of the honeysuckle,

as though the blossoms
had as much a rightful deed to be rooted
as the dove tree, hanging its branches
over the frame of the border,
not native to the land at all.

But the tree itself, untouched
in its mural of sun and partial shade,
and envied by its resolve to take the brunt
of radical weather, still struggled
in its purpose to remain in its quadrant,

eyed by yew hedges and stones,
its limbs heavy with the flesh of leaves
like the arms of a mother in wartime,
carrying her child on a sinuous path

to the border,
to the tent pitched under ice,
falling on her knees into an arrangement
as though for once she need not move,
as though finding in that reprieve
a sanctuary, or an almost perfect peace.

But if to be spared,
if to move across that border
and find the dove tree astonishingly depleted
but still rooted to its site,
is this, then, the law of continuity?

I look away
from what has been transplanted,
removed and replaced: the sidelong glance

SPIAZZAMENTO

Entrando nel giardino,
noto il rododendro,
la perla platino, che aveva spiazzato
i vilucchi indesiderati della dulcamara
avviluppati alla gola del caprifoglio,

come se i boccioli
avessero come un atto di diritto ad esser radicati
come l'albero delle colombe*, che sospende i rami
sul limitare del bordo,
non nativo del territorio in alcun modo.

Ma l'albero in sé, non sfiorato
nel suo murale di sole e ombra parziale,
ed invidiato nella determinazione di sostener l'attacco
del tempo tagliente, ancora lottava
nella sua determinazione a rimanere nel quadrante,

occhieggiato da siepi di tasso e dai sassi,
le membra pesanti con la carne delle foglie
come le braccia di una madre in tempo di guerra,
che porti il suo bambino su un sentiero tortuoso

fino al limitare,
alla tenda piantata sotto il gelo,
cadendo sulle ginocchia in una composizione
come se per una volta non dovesse muoversi,
come se trovando in quel sosta
un santuario, oppure una pace quasi perfetta.

Ma se per esser risparmiato,
se muoversi oltre quel confine
e trovare l'albero delle colombe incredibilmente svuotato
ma pur fisso nelle radici al suo sito,
sarebbe questa, quindi, la legge della continuità?

Distolgo lo sguardo
da ciò che è stato trapiantato,
rimosso e sostituito: la vista furtiva

of the rocks, piercing and upsetting
as if the unpolished stones
had been violated, and thrown
by demons into the fire
of all that had been uprooted in its time.

Nella luce azzurra dell'alba

delle rocce, che penetrano e scombussolano,
come se sassi non levigati
fossero violati, e lanciati
da demoni nel fuoco
di tutto ciò che nel suo tempo è stato sradicato.

*'Dove tree' (*Davidia involucrata*) letteralmente 'albero colomba' ha un equivalente popo-
lare italiano 'albero dei fazzoletti'. Essendo però una metafora implicita nel cluster poetico,
il traduttore si è attenuto al significato letterale.

The Blue Light of Dawn

THE LIGHT BY ITS CREATION

from the beginning,
was meant to douse the darkness
as it did then in that year;

to sparkle the snowflake
that caught the fringe
of a child's eyelash in the Urals of winter

as it backlit
the blue in his mother's tears;

meant to splash
into the bucket of reindeer milk

as it splashed on the shoulders of peasants
toiling in the fields of revolution
that they, themselves, had plowed;

to creep without reservation
into the blacksmith's shop in Bukhara,
past old city walls;

meant to warm
the bread at supper, the bowl
of sunflower seeds; the sleeping children
in their utopia, snug in blankets
loomed with parrot and peacock feathers
and red squares. But this

had been a dream of light,
and by its creation,
meant to reveal what had been done
in darkness behind the barbed wire,
sharpened by secrets;

the brine pits where men were beaten
into their labor, ankle-deep in mire;
their hands stung by salt water
and the pull of cabbages;

NELLA LUCE AZZURRA DELL'ALBA

THE LIGHT BY ITS CREATION

già dall'inizio
era inteso di spegnere l'oscurità
come accadde in quell'anno;

e illuminare il fiocco di neve
che tocco' la punta
delle ciglia di un bambino negli Urali dell'inverno

così come illuminava
la tristezza nelle lacrime della mamma;

inteso a fare degli spruzzi
nella secchia del latte della renna

così come spruzzava sulle schiene dei contadini
che faticavano nei campi della rivoluzione
che essi stessi avevan arato;

furtivamente penetrare senza riserva
nella bottega del fabbro a Bukhara,
oltre le mura della città vecchia;

inteso a riscaldare
il pane della cena, la ciotola
di semi di girasole; I bimbi addormentati
nella loro utopia, accovacciati in copertine
intessute con piume di pavoni e pappagalli
e quadri rossi. Ma questo

era stato un sogno di luce,
a tramite la sua creazione,
inteso a rivelare ciò che era stato fatto
nell'oscurità dietro al filo spinato,
affilato da segreti;

le fosse di salmastro dove gli uomini battuti
nella loro fatica, in fanghiglia fino alle caviglia,
le mani punte dall'acqua salata
e dallo sradicar di cavoli;

THE BLUE LIGHT OF DAWN

meant to glisten
the sweat on their backs,
and in the beards of Old Believers
wishing to go back before the slaughter,
the forced starvation, the mass graves;

before the light
was meant to pour down the throat
of the iris, choking on its stalk;

before it poured across the canvas
on which Goya painted *Saturn
Devouring His Children.*

NELLA LUCE AZZURRA DELL'ALBA

inteso a luccicare
il sudore sulle schiene,
e nelle barbe di Vecchi Credenti
che desideravano di ritornare prima della mattanza,
il morir di fame imposto, le sepolture in massa;

prima della luce
era inteso di versare nella gola
all'iris, che soffocava sullo stelo;

prima che si rovesciasse sulla tela
su cui Goya dipinse
Saturno che divora i figli.

THE COLOR RED

Red was the color I had imagined
as too brash, too bold to put on in those days
without promise. There were jars
of poinsettias. A sky, turning scarlet;
a road, flushed and warm, pushing its way
to the border. The wind, bristling
like a broom, swept road dust
into the doorway of a mud-brick house
where a young woman emerged
in white floss; her eyes as bright as rainwater
and yet colorless, too early to have been
startled by death. As a fledgling with a dart
in its breast, trying to find its way back.
I had seen it before but not the custom,
archaic as it seems, of owning color.
Like a soul that is embodied. Red saris—
the women here—mounds of tika powder
sprinkled like cinnamon into their hair—
are at last celebrating renewal, devotion;
the courage to break out of their cycle,
the courage to move forward. There is this aura,
the color red I would not have perceived
as anything but daringly impetuous, possessed,
hoarded, guarding its rule. Yet two women,
one whose arms hold out a red sari;
and the other, unable to touch and untouchable,
move toward each other, both equally infected
and ready to offer the other the cure.

IL COLORE ROSSO

Rosso era il colore che avevo immaginato
come troppo vivo, sgargiante per essere indossato in quei giorni
senza promessa. C'erano vasi
di stelle di natale. Un cielo che diventava scarlatto;
una strada, accesa e tepida, che si spingeva
verso il confine. Il vento, con grattando come una scopa,
e sospingeva la polvere della strada
nell'ingresso di una casa di mattoni di fango
da dove una donna emergeva
in filato bianco; gli occhi lucenti come acqua da pioggia
eppur senza colore, troppo precoci ancora per esser
dalla morte. Come un uccellino con una freccia
in petto, che tenti di tornare al nido.
Lo avevo visto prima, ma non l'usanza,
arcaica a quanto pare, di possedere il colore.
Come un'anima che sia incorporata. Sari rossi—
le donne qui—mucchietti di polvere tika
spruzzata come cannella nelle chiome—
finalmente festeggiano il rinnovamento, la devozione;
il coraggio di spezzare il ciclo e di uscirne,
il coraggio di progredire. Vi è questa aura,
il colore rosso che non avrei percepito
se non come qualcosa di temerario ed impetuoso, posseduto,
ammucchiato, a guardia della sua regola. Eppure due donne,
una delle quali teneva sul braccio steso un sari rosso;
l'altra, incapace di toccare ed intoccabile,
si muovono l'una verso l'altra, entrambi infette parimenti
e pronte nell'offrire l'una all'altra la cura.

The Blue Light of Dawn

THE SPLENDOR OF LETTERS

Above Sarajevo during the passing
of roses, the breeze played its sad notes

in a requiem of ash; each note, a letter,
mingled in the confetti of alphabets: Arabic, Persian,

Ottoman Turkish—

pages of books that had been burned
at the stake, telling how the people had shared water,

how they had saved lives—the evolution
of survival, of faith, a new identity—

      what is there to remember?

The ashes fell on the streets of the city
like so many syllables melting like dark snow,

flakes of history, truth, sacred promises
blotting the cobblestones where in the courtyard,

the cathedral bells and the minarets—
rising from the floodlights of oblivion—

shared in their call to prayer.

Nella luce azzurra dell'alba

LO SPLENDORE DELLE LETTERE

Sopra Sarajevo durante il passare
delle rose, la brezza suona le sue noti tristi

In un requiem di cenere; per ogni nota, una lettera,
frammista ai coriandoli degli alfabeti: arabo, persiano,

ottomano, turco—

pagine di libri che sono stati incendiati
al rogo, che raccontano di come la gente avesse condiviso l'acqua,

di come avessero salvato vite—l'evoluzione
della sopravvivenza, della fede, una nuova identità—

     che cosa vi è da ricordare?

Le ceneri scendevano su vie della città
come tante sillabe disciolte come neve scura,

fiocchi della storia, di verità, di sacre promesse
che chiazzano l'acciottolato laddove nel cortile,

le campane della cattedrale ed i minareti—
che sorgevano dalle illuminazioni dell'oblio—

condividevano la loro chiamata alla preghiera.

The Blue Light of Dawn

COLLATERAL DAMAGE

I

Throughout the city, ashes cling to the shawls
of mothers bundled with children
fleeing the shards of glass that will rip open the flesh
and the bone. Here there is no sign of resistance.
Charred bricks quickly head down
to where flowers are slumped on their beds,
struggling without light to rise, to breathe,
to turn away. Factories stand on street corners,
smoking incessantly; and, like homeless men,
squat inside their shadows: broken, torn,
huddled in ruin. Where the sun has gone down,
a line of eternity burns like oil,
the stucco walls of one old house crumbles
like dried baby's-breath,
and where children had been sleeping,
a cradle is pulled out, all cuddled in smoke.
The air bursts with language, with cries
instead of concession: it was not a safe house
for terrorists, no open arms display.
Simply a home—our home and theirs,
falling without dimension, without meaning.
Behind the house, where sensors detected *hot metal,*
a charcoal grill burns a hole in the ground;
the snowball bush vigorously shakes
its tight-fisted pom-poms; and the launcher,
meant to provoke attraction, loiters uncertainly,
finding within its borders a more formidable opponent.

II

The field on the other side of daylight,
a young boy and his sister are learning to take wing,
their lithe bodies as luminous as ice
caught in the glimmer,
their feet scathed and bleeding
through crushed glass, through a slaughterhouse
of fractured bone. It is late to try to imagine

NELLA LUCE AZZURRA DELL'ALBA

DANNO COLLATERALE

I

Attraverso tutta la citta, le ceneri si attaccano agli scialli
delle madri infagottate con bambini
in fuga dalle scheggie di vetro che squarcerebbero carne
ed ossa. Qui non vi è segno di resistenza.
Mattoni carbonizzati volano giù
laddove fiori afflosciati nelle aiuole
lottano senza luce per salire, respirare,
e per voltarsi. Fabbriche si ergono agli angoli di strade,
fumando senza sosta; e, come i senzatetto,
si accampano all'interno delle loro ombre: spezzati, lacerati,
ammucchiati nelle macerie. Laddove il sole è tramontato,
un orizzonte di eternità brucia come petrolio,
le pareti di stucco di una vecchia casa si sbriciolano
come secchi fiori 'respiro dei bambini'*
e laddove i bambini avevano dormito,
si fa uscire una culla, tutta stretta dal fumo.
L'aria scoppia di linguaggio, e di urla
anziché di concessione: non era una casa sicura
per i terroristi, nessuna mostra di braccia aperte.
Semplicemente una casa—la nostra e la loro,
che crollava senza dimensione, senza significato.
Dietro all'edificio, dove sensori avevano individuato *metallo caldo,*
una griglia per il barbecue fa bruciare una buca nel terreno;
il cespuglio di viburno palla di neve* scuote vigorosamente
i suoi pompon serrati come pugni; e il lanciamissili
inteso a suscitare attrazione, si dilunga indeciso,
trovando tra quelle aiuole un avversario più formidabile.

II

Il campo dall'altro lato della luce del giorno,
un giovane e sua sorella imparano a decollare,
i loro corpi aggraziati e luminosi come ghiaccio
presi nel bagliore,
con i piedi feriti e sanguinanti
attraverso il vetro scheggiato, un mattatoio
di ossa fratturate. È tardi per provare a immaginare

THE BLUE LIGHT OF DAWN

anything sacred in this field
that was once a village. The altar stands
choked amid the ruins; the pulpit, in painful silence.
Where there was a shrine,
the young boy picks up a cross
barely clinging to the body of Christ;
his sister, a star, pointing neither to heaven
nor earth. *This is the soul of my father;*
and this, my mother. Across the field,
an impetuous outburst takes place at the border
the children cannot outrun; blades of grass
shoot up like prongs, and the earth stiffens with age,
with wilderness instead of grace.

NELLA LUCE AZZURRA DELL'ALBA

alcunché di sacro in questo campo
che una volta era villaggio. L'altare se ne sta
soffocato tra le rovine; il pulpito, in sofferto silenzio.
Laddove vi era il reliquiario,
il ragazzino raccoglie su una croce
stringendosi a malapena al corpo di Cristo,
la sorella, una stella, che non indica né il cielo
né la terra. *Questa è l'anima di mio padre;*
e questa, di mia madre. Attraverso il campo,
uno scoppio impetuoso avviene al limitare
e i ragazzini non riescono a correre più veloci; i fili d'erba
spuntano fuori come forconi, e la terra si irrigidisce nell'età,
in selvaggia natura anziché con grazia.

*Si tratta della *Gypsophila*: un fiore simile al nostro 'soffione', che in inglese si chiama 'baby's-breath', appunto.
*Nel caso di 'snowball' ho optato sia per il nome *viburno* che per la varietà in uso anche in lingua italiana.

ETHNIC CLEANSING

Begin with the unwanted, the unloved—
the curled fingers of one young mother
around the skull of a child—
no infant god in these mass graves,
no piece of bright cloth given a royal burial.
Just deep excavations of lost causes,
injustice harvested in the fields,
the sweet fruit of the palms,
clustered, whipped clean
and rotting to their fullest. Over it all,
the weeds spring up between the stones
on the bloodied soil of Cambodia,
grass and flowers cannot breathe through.
In Rwanda, where the soft hills
lie poached around the waters rising with smoke;
where the olive groves in Kosovo,
quietly medieval and flourishing,
cringe behind walls smeared with graffiti
and poisonous waste,
bones link to bones, to photographs
without names, to warnings
that have never been able to turn back
but are still holding their breath
behind a century of thick wall. Begin again
where it might have ended—

and this is Darfur—

hut links to hut in a village
doubling over in flames; to a body of land,
scalded and cracking at the fault lines,
invisible, unmarked where a tribe
of dark-skinned women
are struggling to crawl out of their wounds.
Where children are bayoneted,
smothered and crushed, the warnings
find relevance and what is real
moves back in without interruption,
without restraint. The air steams
of Auschwitz; flocks of clean, white birds

Nella luce azzurra dell'alba

PULIZIA ETNICA

Inizia con il non voluto, il non amato—
le dita piegate di una giovane madre
intorno al capo di un bambino—
nessuno bimbo dio in queste fosse comuni,
nessun panno di colore acceso per dare sepoltura regale.
Solo una profonda scavatura di cause perdute,
e messi di ingiustizia accumulata nei campi,
il dolce frutto delle palme,
in mucchi, ripulito a fondo
che sta nel pieno del marcire. Sopra a tutto,
le erbacce spuntano fra i sassi
sul suolo insanguinato della Cambogia,
erba e fiori non riescono a respirare oltre.
In Ruanda, dove le colline dolci
giacciono come prede di frodo* intorno ad acque che si innalzano nel fumo;
laddove gli uliveti in Kossovo,
silenziosamente medievali e in fioritura,
si stringono dietro alle mura imbrattate da graffiti
e discariche di veleni,
le ossa si legano alle ossa, a foto
senza nome, ad allarmi di pericolo
che non sono mai riusciti a tornare indietro
ma stanno ancora trattenendo il respiro
dietro un secolo di muro spesso. Inizia di nuovo
dove forse avrebbe potuto esser finito—

e questo è il Darfur—

capanne che si uniscono a capanne in un villaggio
ripiegato dalle fiamme: a un territorio,
bruciato e dalle crepe nelle linee delle faglie,
invisibile, non marcato dove una tribù
di donne dalla pelle scura
stanno lottando per trascinarsi fuori dalle lor ferite.
Dove i bambini vengono passati per le baionette,
soffocati e maciullati, gli avvisi di pericolo
trovano rilevanza e ciò che è reale
si ripresenta senza interruzione,
senza sosta. L'aria trasuda un vapore
d'Auschwitz; stormi di uccelli puliti e bianchi

THE BLUE LIGHT OF DAWN

fly above unseen boundaries,
above any definition drawn in blood.
On a road where an infant lies—
his mouth yearning for breast milk
like a tiny well gone dry—
there is the slaughter, condemnation,
the earth chilling on the cusp
of delay, and yet without apology,
as if at any time there could be renewal,
migrating slowly toward the wall
over a century thick and chilled
on the cusp as well—
the ultimate line, silently impenetrable.

Nella luce azzurra dell'alba

volano sopra invisibili confini,
sopra ogni definizione segnata in sangue.
Su una via dove un neonato giace—
la bocca che anela per latte dal seno
come un piccolo pozzo ormai disseccato—
vi è la mattanza, la condanna,
la terra che si pietrifica nel culmine
del ritardo, eppure senza scusa formale,
come se in qualsiasi momento vi potesse essere un rinnovo,
migrando lentamente verso il muto
che è diventato spesso lungo il secolo e pietrificato
nel culmine egualmente—
la linea finale, silenziosamente impenetrabile.

The Blue Light of Dawn

EIGHT-FIFTEEN

(a.m.) the city
was split by lightning,
stripped down to bone, and tortured,
its flesh lashed by flames…

suddenly
I was beggared,
wearing the rags of loose skin,
hanging like pockets lined with blood.

I could not see
the earth's incinerator,
its volcanic madness, blinded by hair
burnt darker than matchsticks
and dusted with soot,

but I could feel
the meltdown in my fingers
like soft beeswax, clasping each other
as though desperate lovers—
lovers in torment,
gnarled in the arms of war.

I had crawled
from among the dying,
the children curled like fetuses
in their mother's wombs, the unborn;

crawled from under the black rain
of suffering, the ill-smell of survival;

a disfigured hope
seen clutching the red-and-white hibiscus
from my mother's kimono
that became part of my flesh.

Nella luce azzurra dell'alba

OTTO e ¼

(a.m.) la città
fu spaccata da fulmine,
scorticata fino all'osso, e torturata,
la carne frustata dalle fiamme...

all'improvviso
fui resa mendicate,
con indosso cenci di pelle floscia,
che penzolavano come sacche imbottite di sangue.

Non potevo vedere
l'inceneritore della terra,
la sua follia vulcanica, accecata dai capelli
che bruciavano ancora più anneriti di fiammiferi
e impolverati dalla fuliggine,

ma potevo sentire
la fusione nelle dita
come molle cera d'api, che si stringevano
come amanti disperati—
amanti nel tormento,
che si contorcano tra le braccia della guerra.

Mi ero trascinata a carponi
fra coloro che morivano,
i bimbi rannicchiati come feti
nei ventri delle madri, i non nati;

trascinandomi via dalla pioggia nera
della sofferenza, dall'odore cattivo della sopravvivenza;

una speranza sfigurata
vista afferrare un ibisco rosso e bianco
dal kimono di mia madre
che divenne parte della mia carne.

RINGS OF PASSAGE

There is a wind
breaking with eloquence, rain,

a thousand origami cranes for longevity;
and two women, hibakusha, in a garden

of castle rock, stepping stones,
a pond of blue feathers, hiding their faces

behind the fluttering motifs of bamboo
and pine, their skin peeled like a soft plum

exposing the red pit of a muscle. There is a sense
that here in this city, there is a language

we cannot speak. It's the translation we fear most,
like a stone that first glowed,

thrown into the river, widening the rings
of passage, but still visible, still spreading.

The faces we did not see where the mouth
of the river choked on burnt flesh;

where the willow, clutching the dark,
stood weeping over the corpses of children.

CERCHI DI PASSAGGIO

Vi è un vento
irrompente con eloquenza, pioggia,

migliaia di origami cicogne per la longevità;
e due donne, hibakusha, in un giardino

di rocce da fiaba*, di sassi nei viottoli,
un laghetto di piume blu, nascondendo i volti

dietro a tremuli motivi di bambù
e di pini, la loro pelle spellata come soffice prugna

mettendo in vista l'incavo rosso di muscolo. Vi è il senso
che qui in questa città, ci sia un linguaggio

che noi non possiamo parlare. È la traduzione che ci fa più paura,
come un sasso che prima riluceva,

gettato nell'acqua, mentre allarga i cerchi
di passaggio, eppur visibile ancora, ancora che s'allargano.

I volti non li abbiamo visti dove la bocca
del fiume soffocava sulla carne bruciata;

dove il salice, che si aggrappava
si reclinava piangente sui cadaveri dei bimbi.

The Blue Light of Dawn

FROM A PHOTOGRAPHER'S WAR JOURNAL

It's the work of the lens,
to focus its gaze, to find the proper angle
for impact, clarity; to diminish that distance
which could define from its own perspective
the body of a child wrapped in a garment
of pleated flesh, held gently in his mother's arms
as though she could lift him out of it and run
from the scourge of that landscape,
the lash of its tongue, its voice. To explain
that image, a split-second paralysis
that is forever fixed in the mind, forever mute,
itself a bystander hovering over the children
torn from the hand so tightly held,
maimed and killed in the presence of their mothers.

There is the sense of one moment,
immortal, held still in one shot, one frame;
a strobe of light that is visible, and yet invisible:
warlords, militant machinery, the blazing turrets
of an uprising when well-fed armies tear
into the city like hungry vagrants
tearing the gutters for meat. There's an old wagon,
its wheels turned inward, rocking slowly
at each stop to pile a sackcloth of children's bones
into a conveyance of silent darkness. And yet
it's always the negative we hold to the light for clarity,
for meaning, as if we've missed some point of view,
as if in that frame transposing light and dark,
there's an image we hope to see more clearly.

NELLA LUCE AZZURRA DELL'ALBA

DAL DIARIO DI GUERRA DI UN FOTOREPORTER

È compito delle lenti,
mettere a fuoco lo sguardo, trovare la giusta angolazione
per l'effetto, la luminosità; diminuire quella distanza
che potrebbe definire dalla sua prospettiva
il corpo di un bambino avvolto in un indumento
che carne fatta a pieghe, tenuto dolcemente tra le braccia della madre
come se lei potesse sollevarlo per portarlo via e correre
dalla piaga di quel paesaggio,
dal flagello della sua lingua, dalla sua voce. Per spiegare
quella immagine, una paralisi di frazione di secondo
che è per sempre fissata nella mente, muta per sempre,
la stessa un passante che sovrasta i bambini
strappati dalla mano che li teneva così stretti,
straziati e uccisi alla presenza delle loro madri.

Vi è il senso del momento uno,
immortale, reso immobile in uno scatto, un fotogramma;
la luce stroboscopia visibile eppure invisibile:
signori della guerra, macchina militante, le torrette in fiamme
della rivolta quando eserciti ben pasciuti irrompono
nella città come famelici sbandati
spaccano le fogne per la carne. Vi è un vecchio camion,
le ruote storte verso l'interno, che si dondola lentamente
ad ogni fermata per ammassare un sacco di ossa di bambini
in trasporto di silenziosa tenebra. Eppure
è sempre il negativo che mettiamo in controluce per nitidezza,
per il significato, come se ci fossimo persi una prospettiva,
come se nel fotogramma che traspone il chiaro e lo scuro,
ci sia una immagine che speriamo di vedere più nitidamente.

The Blue Light of Dawn

NEWS BRIEF

We begin tonight
in the ancient city of caliphs, shrines;
oil lamps lit in the subterranean caves of myth,
the slave of the ring. In the next half hour
we will pass through this ring to the other side,
to a thousand and one scenes of liberation
into a shadow-state: curfew, checkpoints,
a burning school bus screaming with children,
to what is myth and not myth, beginning
with the forcibly abandoned search:
mustard gas, sarin, nuclear and biological weapons,
accusations still reeking with the oily stench
of arrogant convictions, factory-sealed
and delivered to the people at home, the offensive
that shot its way into the blood and bone
of madness. This is old news, but madness
is a language of ultimate revelation.
What is not myth is the car bomb
that explodes into a slaughterhouse of raw flesh,
bone, lungs squealing, houses breaking down
on the street like old women pleading for bread,
the conveyor belt rolling with caskets
of war dead, hospital beds sedated
with wounded, and one young boy squatting
over a hole in the ground, all nuts and bolts,
cracked pipes, plumbing gutted with raw sewage,
blood and urine. Surely one has to think
consequences, injustice, the grief that throws
itself over the remains of the school bus,
weeping. And that which cannot be understood:
the strong, burnt smell of rhetoric
as though at anytime it still needs repeating.
We'll be back after this.

NELLA LUCE AZZURRA DELL'ALBA

NOTIZIARIO

Iniziamo stasera
nell'antica città dei califfi, dei santuari;
le lucerne accese nelle grotte sotterranei del mito,
lo schiavo dell'anello. Per la prossima mezzora
passeremo attraverso questo anello dall'altra parte,
alle mille e una scena di liberazione
in uno stato ombra: coprifuoco, posti di blocco,
uno scuolabus in fiamme urlante dirtagazzini,
verso ciò che è mito e ciò che non è mito, iniziando
con la ricerca forzatamente abbandonata:
iprite e sarin gas nervini, armi biologiche e nucleari,
le accuse che con il lezzo di petrolio ancora
e di arroganti convinzioni, sigillato dalla fabbrica
e consegnato alla gente a casa, l'offensiva
che si fece strada con gli spari tra sangue ed ossa
della follia. Queste sono notizie vecchie, ma la follia
è il linguaggio della rivelazione finale.
Ciò che non è un mito è l'auto-bomba
che esplode in un mattatoio di carne viva,
d'ossa, di polmoni che stridono, di case che si piegano
sulla strada come le vecchie che chiedono pane,
il nastro trasportatore che si snoda con le cassette
dei morti di guerra, i letti d'ospedale sedati
con i feriti, and un ragazzino accucciato
su di una buca nel terreno, tutta una bulloneria,
di tubi spaccati, condutture intasate da liquami,
sangue e urina. Certamente si deve pensare
alle conseguenze, all'ingiustizia, alla sofferenza che
si scaglia sui rottami dello scuola-bus,
in pianto. E ciò che non può essere compreso:
l'acre odore di bruciato della retorica
come se in ogni momento avesse bisogno di essere ripetuto.
Ci risentiamo tra poco.

WHILE OUR COUNTRY SLEEPS

her sons are treading
through a shallow stream
unlike the holiest of blue waters that sparkle
in the onslaught of daylight. Almost to the other side
of madness, their guns are held at an angle
above the water that stiffens
with the sharp pain of decay and putrid flesh,
of sludge and slime, of compost. Flies skid on the silt,
as brown as a child's bathwater
that has been left to drain,
and into the stubborn stench of rhetoric
as slick as any oil spill on the surface,
clinging to uniforms
and the young men's skin. The day is hot,
sweating heavily under the sun, and always on the move,
crawling with lost hope. It is driven by resolution,
lacking any source of alternative power.
For some of us, confined to a foyer
that is stone-dark and medieval,
the sconce on the wall extinguished
and no high windows to judge by—
with books from the *House of Wisdom* shriveling
beneath coils of smoke,
we will have heard the news we feared,
and have been fearing: blood gushed again today
from the ancient city
fleeing the nights that glitter with oil lamps,
the merchants and thieves, the slave of the ring.
At least twenty people dead in attacks;
an old man, his face crushed,
and drooling blood like rare sirloin
wrapped in brown paper,
and two unidentified Marines on patrol,
struck by a roadside bomb. A mortar attack
in Mahmoudiyah killed thirty-five in sectarian violence
at an outside market sprayed with grenades
that split open the heads of cabbages.
Huddled they lie, the people—
some of them children. They lie shattered in pulp

Nella luce azzurra dell'alba

MENTRE IL NOSTRO PAESE DORME

i suoi figli stanno guadando
un torrente di acqua bassa
così diverso delle più sacre acque azzurre che scintillano
nell'attacco della luce del giorno. Quasi all'altro capo
della follia, i fucili sono tenuti in angolazione
sull'acqua che irrigidisce
con il dolore acuto della decomposizione e della carne putrida,
di fango e melma, di compostaggio. Le mosche planano sulla fanghiglia,
scura come l'acqua della vasca di un ragazzino,
che sia stato lasciato a mollo,
e nell'ostinato lezzo della retorica
tanto oleoso quanto le perdite di grezzo sulla superfice,
appiccicosa sulle divise,
e sulla pelle dei giovani. La giornata è calda,
suda pesantemente sotto il sole, ed è sempre in movimento,
arranca con perdura speranza. È sospinta dalla risoluzione,
mancando di ogni fonte di energia alternativa.
Per alcuni di noi, bloccati in una sala
medievale e di pietre cupe,
viene spento la nicchia della luce sul muro
e non abbiamo altre finestre per capire—
con i libri della *Casa della Saggezza* che s'accartocciano
sotto le volute di fumo,
avremo udito le notizie che temevamo,
e che stiamo temendo: il sangue è sgorgato di nuovo oggi
dalla città antica
fuggendo le notti che brillano con le lucerne d'olio,
i mercanti e i ladri, lo schiavo dell'anello.
Almeno venti persone morte negli attacchi;
un vecchio, con il volto fracassato,
da cui sgorga sangue come da un filetto al sangue
avvolto in carta marrone,
e due marines non identificati in pattuglia,
colpiti da una bomba sulla strada. Un attacco di mortaio
a Mahmoudiyah ha ucciso trentacinque in violenza settaria
presso un mercato all'aperto sotto una pioggia di granate
che ha spaccato in due la testa delle verze.
Raggomitolati giacciono, la gente—
alcuni di essi bambini. Giacciono dispersi nella polpa

THE BLUE LIGHT OF DAWN

where the stomachs of fresh fruit burst open
in an upheaval of pits and seeds. And where the toll
has been raised in that part of the city,
a father, alone, stands back from the struggle—
insurgency, counter-insurgency,
a history no foreigner has studied but pretends to know.
He must choose again between the gun
and his prayer beads, carrying his hope
like a small bundle asleep in his arms
to the side of the bed where the blanket
had been turned down in the dark.

Nella luce azzurra dell'alba

dove il ventre della frutta fresca si è spaccato
in un sconvolgimento di buche e semi. E dove è aumentata la lista dei decessi
In quella parte della città,
un padre, da solo, se ne sta indietro via dalla lotta—
insurrezione, contro-insurrezione,
una storia che nessun straniero ha studiato ma fa finta di sapere.
Deve scegliere ancora tra il fucile
e la coroncina di preghiera, mentre porta la sua speranza
come un fagottino addormentato tra le braccia
al lato del letto dove la copertina
è stata rimboccata nell'oscurità.

FROM THE SHORES

(Mogadishu, 2007)

Nothing comes as close to austerity
as the lighthouse, standing squarely

on the shore like a mother watching out
        for her children as they play
by the sea. Or so it seems decades later.

It was not the picture postcard scene
of Mogadishu before the war.

No mother is on the beach guarding
        her children,
no tourists either; simply the lighthouse,

fading from the pages of Italian vogue.
At noon, the hands on the clocks

stop to pray at the Cathedral
        of the Croce del Sud;
a white cross on the wall points out

where a Crucifix had been plundered;
and the cherubs, looking for light,

squint through the hole in the roof
        before the bombs
locked them out of their heaven.

Nella luce azzurra dell'alba

DAI LIDI

(Mogadiscio, 2007)

Niente sta più vicino all'austerità
del faro, che s'erge diritto e fedelmente

sulla costa come una madre che sorvegli da lontano
    i figlioletti mentre giocano
accanto all'acqua. O almeno così sembra dopo decenni.

Non era l'immagine cartolina
di Mogadiscio prima della guerra.

Non vi è nessuna madre sulla spiaggia a sorvegliare
    i suoi bambini,
nemmeno turisti; semplicemente il faro,

che sbiadisce dalle pagine di un Vogue italiano.
Nel meriggio, le lancette sull'orologio

si fermano per pregare alla Cattedrale
    della Croce del Sud;
una croce bianca indica sul muro

dove un crocefisso è stato preso in saccheggio;
e i cherubini, in cerca della luce,

sbirciano attraverso il buco nel tetto
    prima che le bombe
li chiudessero fuori dal loro paradiso.

NO RETURNS

How will you escape the marketplace,
the street vendors selling pyramids

of green fruit, the golden crowns
of pineapples sitting behind

the tattered stalks of corn
and the sweet plums that beckon?

What will be done in that country?
Its high walls, its barbed wire sharpened

by secrets, and young girls like you,
taken by steamer out of the glimmer

that was in the eye of your mischief,
your land, and your home.

How will we know that you will escape
the hand that rips away at the core,

or that you will transcend the darkest night
of your soul and float out of your body

like a bright moon?

NESSUN RITORNO

Come potrai sfuggire il mercato,
i fruttivendoli di strada che vendono piramidi

di frutta verde, le corone d'oro
degli ananas accomodati dietro

i gambi sfilacciato di granoturco
e le prugne dolci che invitano?

Che cosa verrà fatto in quel paese?
Le alte mura, il filo spinato acuminato

da segreti, e da giovani ragazze come te,
portate via dal vapore fuori dal luccichio

che era nell'occhio della tua birichinata,
la tua terra, la tua casa.

Come sapremo che tu sfuggirai
alla mano che lacera nella profondità,

o che tu trascenderai la più oscura notte
della tua anima e te ne andrai fluttuando fuori dal corpo

come luna lucente?

AS FOR THE CHILDREN

we try to keep it from them—
the current that flows with our people,
flows then swells at checkpoints
like a tide between the shadow-state of our land
and theirs. We hold our breath,

a meeting place without comfort zones,
without connections. Our lives and our children's
caught in the strobe of a barricade. No one
can see above or below the surface,
but if we are fortunate, we may be allowed
to flatten our bodies and slip through the crevice,
swim upstream and gather around
the table to pry open the purse of a shell,
remove the soft pearl from its lining. It is mere gesture.

But still we dare to dream,
to imagine our children's bones fitted
in the overalls of flesh, bounding
out of the dark water to soften the shadows
and light of the landscape. Only,
I fear their crossing.

Yet there is the hope of passing through it,
beyond it, ending where two lines meet,
daring to one day find promise
the way the earth finds promise
in the lives that are born.

Nella luce azzurra dell'alba

PER QUANTO RIGUARDA I BAMBINI

tentiamo di tener lontano questo da loro—
la corrente che scorre con il nostro popolo,
scorre poi si gonfia ai posti di controllo
come una marea tra lo stato-ombra del nostro paese
ed il loro. Tratteniamo il fiato,

un luogo di incontro senza aree di conforto,
senza legami. Le nostre vite e le vite dei nostri figli
catturate nella luce degli strobo degli sbarramenti. Nessuno
può vedere oltre o sotto la superficie,
ma se siamo fortunati, possiamo essere in grado
di appiattire i nostri corpi e scivolare oltre le fenditure,
nuotare contro corrente e riunirci attorno
a un tavolo per forzare l'apertura di un portafoglio di conchiglia,
e rimuovere la perla dal rivestimento. È un semplice gesto.

Ma ancora osiamo sognare,
immaginare le ossa dei nostri figli adattati
nel rivestimento della carne, che balzano
fuori dall'acqua scura per addolcire le ombre
e per dar luce al paesaggio. Soltanto che,
temo la loro attraversata.

Eppure vi è speranza di valicarlo,
e di passare oltre, finendo laddove le due linee si incontrano,
osando un giorno di trovar promessa
nel modo in cui la terra trova la promessa
nelle vite che vi nascono.

THE BURNING FIRES

That day
for no other reason
than to pray as the fires
were burning, a cortege of women,
veiled in dark tiers of lace,
slowly proceeded down the aisle
to the shrine of Our Lady.

Why would the earth
not weep for the children?
The children burned by these fires,
their tiny fingers ripped
from the tight grip of our hands
though we are not of the same blood
as their mothers? Shall we plead

what difference then,
that prophecy—that our land
shall one day become a fertile field;
and the field, a forest,

when it burns
for a thousand years?

FUOCHI CHE BRUCIANO

Quel giorno
per nessun altro motivo
se non di pregare mentre i fuochi
bruciavano, un corteo di donne,
velate in scuri strati di merletti,
lentamente procedevano lungo la navata
verso la cappella di Nostra Signora.

Perché mai la terra
non piangerebbe per i bambini?
I bambini bruciati da questi fuochi,
i loro ditini strappati
dalla stretta morsa delle nostre mani
anche se non siamo dello stesso sangue
delle loro madri? Dovremmo perorare

che differenza poi,
quella profezia—che la nostra terra
sia un giorno un campo fertile;
e il campo, una foresta,

quando brucia
da mille anni?

The Blue Light of Dawn

A CURFEW

When the city darkens
with dusk, so it begins,
curfew pulled over us like a tarpaulin
by hands, dry and cracked, on the clock,
pointing out that it's time—the end,

the beginning when our children
must burrow down like cicada in the early stages
of life. Early as well for young men
and women to crawl into dungeons,
for the seams on their garments
to split down their backs. It's not unfounded—
this metamorphosis, that brief moment
        of reprieve

before we must emerge from the dead
into that outer husk of darkness,
crawling on our knees to find fruit, bread, water,
        an iridescent wing,

when we know that our bones
could be stunned, and crushed like weeds
into the soil. And yet, it will be reported

that nothing has happened.
Nothing will have changed in fact.
All that will become entombed
is the breathing, constant, suffering silence.

Nella luce azzurra dell'alba

IL COPRIFUOCO

Quando la città s'oscura
con l'imbrunire, così inizia,
il coprifuoco ci vien messo sulle spalle come una tela incerata
da mani secche e screpolate, sull'orologio,
che indicano che è l'ora—la fine,

l'inizio di quando i nostri bambini
devono nascondersi nei solchi di terra come cicale nelle prime fasi
di vita. E prematuramente anche i giovani, uomini
e donne, strisciando a carponi nelle secrete,
si ché le cuciture sugli indumenti
di scuciono sulle loro schiene. Non è infondata—
questa metamorfosi, questo breve attimo
        di tregua

prima che si debba emergere dai morti
ed entrare in quell'involucro esterno di tenebra,
strisciando carponi per trovar frutta, pane, acqua,
        un'ala iridescente,

quando sappiamo che le nostra ossa
potrebbero essere stordite, calpestate come erba selvatica
sul suolo. Eppure, verrà comunicato

che niente è accaduto.
Niente sarà cambiato, infatti.
Ciò che poi verrà messo nella tomba
sarà il sospirante, costante, sofferente silenzio.

THE WAY WE PREPARED, JUST IN CASE

In school, the simplest instruction,
       so as not to become dissected in part,

was to use your limbs as ribbons,
tie up your head and torso into a box

          and stay put under the desk.

Say a prayer. I wondered if the children
in Hiroshima were sitting in classrooms the day

they must have felt their skin melt off their bones.

          What was there to learn?

The sirens will holler at us like any mother
pointing her finger, telling us what to do.

          Follow the signs "Fallout Shelter,"

carry torch lilies into the subterranean chambers
of a stone church or into a museum
       of astronomy and constellations,

          a celestial navigation

toward the star of angels. Bring sweet tea
and oranges, flatbread. The Italian blue Spode vase,
       the one thing you wish you can save.

          But nothing happened.

Where should we tell our children to go
       might they have to pray?

Nella luce azzurra dell'alba

COME CI SIAMO PREPARATI, SOLO IN CASO IN CUI

A scuola, le più semplici istruzioni,
        al fine di non divenire dissezionati in parte,

era di usare le nostre membra come nastri,
annodare il capo e il busto in una scatola

                e starsene fermi lì sotto il banco.

Dite una preghiera. Mi chiedo se i ragazzini
a Hiroshima stavano quel giorno seduti in classe

si saranno sentita la pelle sciogliersi via dalle ossa.

                Che c'era da imparare?

Le sirene ci urleranno addosso come qualsiasi mamma
che ci ammonisca con il dito, dicendo cosa fare.

                Seguite le indicazioni: "Rifugio contro pioggia radioattiva",

portate gigli torcia nelle stanze sotterranee
di una chiesa in pietra o in un museo
        d'astronomia e di costellazioni,

                una navigazione celeste

verso la stella degli angeli. Portate del te freddo fruttato*
e delle arance, e pane sottile senza lievito. Il vaso azzurro italiano di porcellana decorata*,
        l'unica cosa che vorresti poter salvare.

                Ma non accadde nulla.

Dove potremmo dire d'andare ai nostri ragazzini
        se volessero pregare?

*Si tratta della *Kniphofia uvaria*: letteralmente giglio torcia, per la forma e colore.
*Sweet tea è il tè con ghiaccio, fatto su base di tè nero con foglie di menta ed aromatizzato alla frutta di bosco, tipico del Sud degli USA.
*'Italian blue Spode vase': si tratta di riferimento al design di porcellane lucide con deco–razioni azzurrine in stile classicheggiante. Il nome di riferimento è quello del ceramista Josiah Spode che lo brevettò nel 1784. Esempi di questi vasi sono visibili online.

GUERNICA

Market day, the women were browsing
for supper. Chorizo sausages,
wheels of sheep cheese and olives.
Elderly men wandered the town square,
the first blast rattling the nerves
of medieval walls. A destroyed city
is like no other, and yet
at the point of departure, flames burn
in more than one window.
The wall that crumbles, rises again,
this time with its wounds in focus
like the mural in Spain
painted soon after the war.
It's not a picture of a city in ruins—
the bull is a bull; the horse, a horse.
But on one side there is a woman,
her face in anguish
as she stares up at the bull;
her arms chafing beneath the reins
of her infant's bones.
Under the horse, gored by the bull,
lies a soldier,
ripped apart as though his flesh
could be wrapped up and used,
washed out and wrung
like cheesecloth. One arm is severed,
and the hand still firm
around that part of the sword
astonishingly sprouting a flower—
a still life of unity, of freedom, of honor.
Like objects to be salvaged out of the rubble.

Nella luce azzurra dell'alba

GUERNICA

Giorno di mercato. Le donne stavano guardando la
spesa per la cena. Salsicce chorizo,
forme come ruote di formaggio pecorino e d'olive.
Gli anziani vagavano nella piazza della cittadina,
il primo scoppio faceva tremare le nervature
di mura medievali. Una città distrutta
è come nessuna altra, eppure
nel punto di partenza, le fiamme bruciano
in più di una finestra.
Il muro che si sgretola, risorge ancora,
questa volta con le ferite in vista
come il murale in Spagna
dipinto subito dopo la guerra.
Non è un'immagine di una città in rovine—
il toro è un toro; il cavallo, un cavallo.
Ma da un lato vi è una donna,
il volto in angoscia
mentre ha lo sguardo fisso sul toro;
le braccia sono arrossate
delle ossa del bambino sotto le schiena.
Sotto il cavallo, sventrato dal toro,
giace un soldato,
squartato come se la carne
potesse essere avvolta e usata,
lavata bene e strizzata
come tela di formaggio. Un braccio è staccato,
e la mano sta ancora rigida
su quella parte della spada
in modo sorprendente sbocciando come un fiore—
una natura morta* di vita nell'unità, di libertà, di onore.
Come oggetti da salvare tra le macerie.

*'Still life' in inglese è natura morta: si è voluto preservare il termine 'vita' nella traduzione della
metafora.

THE MONUMENT

To return to you—

The earth, its flesh scarred for life,
cut open by one nation,
the land for which we fought,

and fought over; the land
for which we shed our blood, and now
itself, a gaping hole of absence,
given to its one and only use.

Remember, here lies your country,
a fragile bone,

a leg it thought it could stand on, broken;
a cast of names, a monument
dedicated on the library lawn
and elsewhere, on the Mall—

that space we cannot trespass
but for the death that outlives you.

IL MONUMENTO

Per ritornare a te—

La terra, la sua carne con cicatrici per sempre,
tagliata da una nazione,
per la cui terra combattemmo,

e combattemmo ancora; il suolo
per cui versammo il nosro sangue, ed ora
in sé stesso, una buca d'assenza spalancata,
dato a un unico e solo uso.

Ricordati, qui giace il tuo paese,
un osso fragile,

uan gamba che credeva di potersi reggere, spazzata:
una sequenza di nomi, un monumento
in ricordo sul prato della biblioteca
e anche altrove, lungo il Mall—

in quello spazio ci è vietato l'ingresso
non fosse che per la morte che sopravvive a voi.

DECADENCE

is the unimagined, the real and unreal.
The high-rise heavily made-up in graffiti
and left standing
in light as pale as champagne
uncorked in the morning, a wrench in despair.
The factory, cold, hungry, destitute,
looking for work.
Dark nights of prowling.
And yet it is neither.
Between the real and unreal,
shadows elongate, stretching into a pattern
beyond their limit without transparency,
without reason. Without the sense
of how pure the mind is beyond measuring;
the air lusting with untamed passions.
The drapes at the window,
unfastened and let loose,
cling hopelessly to each other like static,
breathlessly vanishing into the dark
like two lovers without discretion.
Every hour marks decline.
Syringes, empty bottles of rum,
red and white poppies, sweet smoke
in the halls of the high-rise.
A marbled outhouse, too elaborate
to be built in the park.
Protestors march, not to be heard,
the polls shutting down.   Pages of history
torn from outdated textbooks,
the monotony of the written word.
And children trudge off to school
like small titans
on the one street out of the city
leading to nothing and nowhere,
having to carry the world on their shoulders.

DECADENZA

è l'inimmaginabile, il reale e l'irreale.
È un palazzone alto dipinto da graffiti
che rimane innalzato
in luce pallida come champagne
ancora non stappato alla mattina, uno sforzo nella disperazione.
La fabbrica, fredda, affamata, indigente,
che cerca lavoro.
Notti oscure di un aggirarsi furtivo.
Eppure non è nessuno dei due.
Fra il reale e l'irreale,
ombre s'allungano, stendendosi in un disegno
oltre al loro limite senza trasparenza,
senza ragione. Senza il senso
di quanto pura sia la mente oltre alla misurazione;
l'aria bramosa di passioni non domate.
I tendaggi alla finestra,
non legati e lasciati sciolti,
s'aggrappano l'un l'altro come statici,
senza respiro svaniscono nell'oscurità
come due innamorati senza discrezione.
Ogni ora segna il declino.
Siringhe, bottiglie di rum vuote,
papaveri rossi e bianchi, fumo dolce
nei pianerottoli dei casermoni.
Un vespasiano marmorizzato, troppo ricercato
per essere costruito nel parco.
I contestatori marciano, in modo da non essere sentiti,
le urne chiudono. Pagine di storia
strappate da libri di testo superati,
e la monotonia della parola scritta.
E i ragazzini a passi lunghi s'avviano alla scuola
come piccoli titani
sull'unica via che va oltre la città
che non porta a niente e da nessuna parte,
mentre devono portare il mondo sulle loro spalle.

A PROPHECY OF FAMINE

For years we've seen the picture,
stick figures our children first learn to draw,
penciled in the foreground of every scene
to depict the living. We sit at the table,
perfectly set in white satin, the Limoges,
the diamond crystal wineglasses.
The silverware shines like the sun
in the Congo where mothers
are sobbing over their children's mouths
thirsting with drought, where a stick figure
boy, too young to know, picks up a stone
to eat. We fill the glass and raise it
to our lips while a Somali woman
buries a child as thin as floss,
swaddled in a sheet of dirt. We pass
the warm bread, dip it in olive oil and garlic.
We carve the lamb, share the mint jelly,
the sweet rice and chestnuts. Around
a cast-iron pot, the bloated bellies of children
gather for cornmeal and beans. We pray,
taking the bread and wine into our bodies.
As always, we'll leave the crust,
shreds of meat on the bones, a drop of wine.
There are no miracles at this table,
just the candles in the chandelier above us,
angel bright and glowing. Like the sun
in the picture of stick figures
our children bring home. Like the sun
in the Sahel where the vultures are waiting.

PROFEZIA DI CARESTIA

Per anni abbiamo visto l'immagine,
stecchetti di figurine che i nostri bambini imparano a disegnare per prima,
marcati con matita nel primo piano di ogni scena
per rappresentare i vivi. Siamo seduti a tavola,
perfettamente in linea con il satin bianco, le porcellane di Limoges,
i calici di cristallo intagliato.
L'argenteria brilla come il sole
in Congo dove la madri
singhiozzano nelle bocche dei loro nati
che nella siccità soffrono sete, dove un ragazzino
stecchetto, troppo piccolo per sapere, prende un sasso
per mangiarlo. Riempiamo i calici e lo innalziamo
alle labbra mentre una donna somala
seppellisce una creatura sottile come lanugine,
infagottata in un lenzuolo di sporco. Ci passiamo
il pane caldo, lo intingiamo nell'olio d'oliva e aglio.
Tagliamo l'agnello, ci dividiamo la gelatina di menta,
il riso dolce e le castagne. Intorno
ad una pentola di ferro, le pance rigonfie dei bambini
si radunano per il granoturco e i fagioli. Preghiamo,
mentre introduciamo il pane e il vino nel nostro corpo.
Al solito, lasceremo la crosta,
carne sfilacciata delle ossa, una goccia di vino.
Non vi sono miracoli a questo tavolo,
solo le candele nel lampadario sopra di noi,
brillante come un angelo e rilucente. Come il sole
nel quadretto delle figurine stecchetto
che i nostri ragazzini ci portano a casa. Come il sole
nel Sahel laddove gli avvoltoi attendono.

The Blue Light of Dawn

A SNAPSHOT OF A LESSER WORLD

It's more than enough to drive by
and see a young boy and his brother
digging through landfill for shoes,
having noticed already how their thin fingers
had licked the pale glaze from the inside
of an eggshell, how their soft mouths
had framed a round hole to catch
the last of the cream squeezed
from the spout of a milk carton.
I want to believe that this is not hunger,
starvation; not here, but somewhere,
a country less rich, crushed
and pitted into a vat of darkness.
But here, there is that scene,
sacred for the moment, of salvation,
abundance; a myth made pure
without substance, without passion.
I slow down and stop, watch their small hands
rake through that wreckage, smoking
with rubber, wood; the grates of a stove,
all pipes and elbows, steaming with fat
under the savagery that is our flesh.
Nothing is as it is, however remote, distant.
Either boy can be chosen, attended,
leaving the other a prophet to be fed by ravens.

ISTANTANEA DI UN MONDO MINORE

È quasi il colmo passare in macchina
per vedere un giovane e suo fratello
che scavano tra rifiuti per trovare scarpe,
avendo già notato come le loro esili dita
hanno leccato il palido smalto interno
della scorza d'uovo, come le loro bocche tenere
avessero formato un buchino rotondo per prendersi
l'ultimo della panna spremuta
dal beccuccio del cartone del latte.
Io voglio credere che questa non sia fame,
inedia; non qui, ma altrove,
un paese meno ricco, schiacciato
e affondato una vasca d'oscurità.
Ma qui vi è questa scena,
sacra per il momento, di salvezza,
di abbondanza; un mito reso puro
senza sostanza, senza passione.
Io rallento e mi fermo, guardo le manine
che frugano attraverso quella discarica, fumante
di gomma, legno; le grate di una stufa,
tutta tubi e gomiti, fumante di grasso
sotto quel essere selvaggio che è la nostra carne.
Niente è così come è, per quanto remoto, distante.
Un ragazzino oppure l'altro può essere prescelto, curato,
lasciando l'altro un profeta destinato ad essere cibato da corvi.

EVERY NIGHT IN DECEMBER

The last month of the year
caught in a revolving door of haste,
packed-up briefcases, a bloodstream
of rush-hour traffic. Newspapers
sold out at the kiosks and replenished,
stacked with terrors: a hooded rapist
on the loose, this time
on the Upper West Side; a woman
held at knife-point in a stone-damp foyer;
the body of a missing coed
pulled from the river—something certain
to happen at any time of year, regardless.
A strange enigma of joy and desolation
twined like evergreen around the banister
of our lives: children stringing
freeze-dried fruit and popcorn into a chain.
Carolers made from paper-mâché
beneath an evergreen stunned by lights,
glass ornaments, tinsel, a silver star.
And yet too late perhaps to remember
the first suicide of the season: shutters
flung open, a woman's desperate sob
still clinging to the window sill,
catching a glimpse of the eternal
in that one brief moment of reprieve
when the mind is as oblivious
as the mannequin in the showcase window.
A diva dressed in bird seed and blue feathers,
holding a turtle dove in each hand.

Nella luce azzurra dell'alba

OGNI SERA A DICEMBRE

L'ultimo mese dell'anno
incastrato nella porta girevole della fretta,
ventiquattr'ore piene, una scia di sangue
di traffico di punta. Giornali
venduti alle edicole e zeppi,
ricolmi di terrori: uno stupratore incappucciato
libero, questa volta
nell'Upper West Side; una donna
minacciata con coltello un umido atrio di pietra;
il corpo di un co-editore dato per scomparso
ripescato dal fiume—cose che sono scontati avvenimenti
in qualsiasi periodo dell'anno, senza distinzione.
Un strano enigma di gioia e di desolazione
avviluppato come il sempreverde sulla ringhiera
delle nostre vite: ragazzini che infilano
frutta secca e popocorn a catenella.
Cantori di Natale fatti in cartapesta
sotto al sempreverde colpito dalle luci,
gingilli in vetro, carta stagnola, una stella d'argento.
Eppur, troppo tardi forse per ricordare
il primo suicidio della stagione: gli scuri
aperti di colpo, il singhiozzo disperato di una donna
impigliato ancora al davanzale della finestra,
che vede per un attimo fugace l'eterno
in quel breve momento di sospensione
quando la mente è così inconscia
come il manichino nella vetrina.
Una diva vestita di semini e di piume azzurre,
che tiene nelle due mani una tortorella.

ACKNOWLEDGMENTS

Grateful acknowledgment is extended to the editors of the following journals and e-zines in which poems in this collection were first published, some bearing slightly different variations:

Bayou: "Isadora and the Dance"
Live Journal: "From Women Given up for Adoption at Birth"
Poets Against the War: "News Brief"
Poets Haven: "Every Night in December"
The Raintown Review: "Letter to a Woman in Prison"
Twilight Ending: A Literary Journal: "Remembering Rome" and
              "From a Photographer's War Journal"
White Pelican Review: "Rings of Passage" and
              "The Splendor of Letters"
Yes, Poetry: "A Synopsis in Blue"

I would like to extend my gratitude to Ken for his love and support, and to my family and friends.

I would like to thank my cousin, Steve Seidell, for the use of his photograph on the cover of this book.

Many thanks to Daniela Gioseffi for her friendship and encouragement, and to the Sonia Raiziss-Giop Foundation for sponsoring the Bordighera Prize.

THE BORDIGHERA POETRY PRIZE

Sponsored by

THE SONIA RAIZISS-GIOP CHARITABLE FOUNDATION

LEWIS TURCO, *poet*
JOSEPH ALESSIA, *translator*
A Book of Fears • Un libro di fobie
$9.00 paper • $19.95 hardback

JOE SALERNO, *poet*
EMANUEL DI PASQUALE, *translator*
Song of the Tulip Tree
La canzone della magnolia
$14.95 hardback

LUISA ROSSINA VILLANI, *poet*
LUIGI FONTANELLA, *translator*
Running Away from Russia
Fuggendo via dalla Russia
$11.00 paper or hardback

STEPHEN MASSIMILLA, *poet*
LUIGI BONAFFINI, *translator*
Forty Floors from Yesterday
Quaranta piani da ieri
$14.00 paper • $19.00 hardback

JANE TASSI, *poet*
NED CONDINI, *translator*
And Songsongsonglessness
E nonuncantononuncantouncanto
$14.00 paper • $19.00 hardback

GERRY LAFEMINA, *poet*
ELISA BIAGINI, *translator*
The Parakeets of Brooklyn
I parrocchetti di Brooklyn
$14.00 paper • $19.00 hardback

CAROLYN GUINZIO, *poet*
FRANCO NASI, *translator*
West Pullman
$14.00 paper • $19.00 hardback

GRACE CAVALIERI, *poet*
MARIA ENRICO, *translator*
Water on the Sun • Acqua sul sole
$14.00 paper • $19.00 hardback

EMILY FERRARA, *poet*
SABINE PASCARELLI, *translator*
The Alchemy of Grief
Alchimia del dolore
$14.00 paper • $19.00 hardback

TONY MAGISTRALE, *poet*
LUIGI BONAFFINI, *translator*
What She Says About Love
Quello che lei dice dell'amore
$10.00 paper • $19.00 hardback

MICHAEL LASORSA STEFFEN, *poet*
PAOLO RUFFILLI, *translator*
Heart Murmur • Sussurro del cuore
$10.00 paper • $19.00 hardback

CARLA PANCIERA, *poet*
LUIGI BONAFFINI, *translator*
No Day, No Dusk, No Love
Nessun giorno, nessun crepuscolo,
nessun amore
$10.00 paper • $19.00 hardback

MATTHEW M. CARIELLO, *poet*
AMBRA MEDA, *translator*
A Boat That Can Carry Two
Una barca per due
$10.00 paper • $19.00 hardback

JOHN ORTENZIO BARGOWSKI, *poet*
AMBRA MEDA, *translator*
Driving West on the Pulaski Skyway
Guidare verso ovest sulla skyway Pulaski
$10.00 paper • $19.00 hardback

Add $2.00 *shipping and handling*

BORDIGHERA PRESS • PO BOX 1374 • LAFAYETTE, IN 47902
E-MAIL: info@bordigherapress.org

SMALL PRESS DISTRIBUTION • 1341 SEVENTH STREET • BERKELEY, CA 94710–1403

www.ingramcontent.com/pod-product-compliance
Lightning Source LLC
Chambersburg PA
CBHW032048040426
42449CB00007B/1033